Histoires d'Animaux

Histoires d'Animaux

Susanna Davidson

Illustrations : Rocío Martínez

Maquette : Mary Cartwright
et Jessica Johnson

Maquette de la couverture : Nicola Butler

Pour l'édition française : Traduction : Muriel de Grey
Rédaction : Renée Chaspoul et Nick Stellmacher

Sommaire

L'origine des contes

Il y a très longtemps, dans la vaste savane africaine, vivait une harde d'éléphants. Themba, une vieille éléphante pleine de sagesse, les gardait et les protégeait tous, des jeunes mères aux éléphanteaux nouveau-nés, encore chancelant sur leurs pattes.

Les éléphants passaient leurs journées dans la savane à chercher à manger : ils arrachaient les branches des arbres avec leur longue trompe et faisaient des bulles dans les points d'eau boueux. Mais au crépuscule, quand le soleil s'enfonçait sous l'horizon, les éléphants se serraient les uns contre les autres sous un grand baobab et suppliaient Themba de leur raconter une histoire.

« Grand-mère ! s'écriaient les éléphanteaux. Nous voulons des histoires. Raconte-nous des histoires, s'il te plaît. »

Alors, Themba réfléchissait en balançant sa trompe et essayait de se souvenir d'une histoire. Mais rien ne venait. Elle avait la tête vide. Elle écoutait la brise qui faisait bruisser les feuilles du baobab. Racontait-elle une histoire ? Non, rien... Pas une seule histoire... Pas de conte magique.

Alors un jour, Themba se tourne vers sa jeune sœur Sipho et lui dit de partir à la recherche d'histoires. Levant sa trompe en guise d'adieu, Sipho s'enfonce toute seule dans la vaste savane. En chemin, elle demande à tous ceux qu'elle croise s'ils ont une histoire à lui raconter.

« J'en ai des centaines, se vante Nogwaja le lièvre. Non, pas des centaines, des milliers, des millions ! ajoute-t-il tout en faisant des bonds.

– Oh, je t'en supplie, demande Sipho, racontes-en quelques-unes, pour que nous puissions les redire sous les arbres, à la nuit tombée.

– Hum… répond Nogwaja, les moustaches frémissantes. En fait, je n'ai pas le temps. Tu ne vois pas que je suis occupé ? »

« Gros bêta, pense tristement Sipho.

Il ment, bien sûr. Il n'a rien à raconter. »

Poussant un soupir, Sipho reprend sa route. Il commence à faire nuit et Sipho avance à tâtons avec sa trompe.

« Y a-t-il quelqu'un qui connaisse des histoires ? crie Sipho dans l'obscurité.

– Ouh, ouh ! répond une chouette. Demande à l'aigle pêcheur. Il vole plus haut que tout autre oiseau et voit plus loin. Il saura te dire où trouver des histoires. »

Alors, Sipho suit la rivière jusqu'à la mer dans l'espoir de trouver le grand aigle pêcheur. Elle finit par l'apercevoir au-dessus de l'eau ; un poisson se débat dans ses serres.

« Nkwazi ! » s'écrie Sipho d'un ton excité en se précipitant vers le rivage.

L'aigle est si surpris que, PLOUF ! il lâche sa prise, qui retombe dans l'eau. S'élevant dans les airs, il décrit des cercles au-dessus de Sipho.

« Que veux-tu donc ? As-tu une bonne raison de me faire lâcher mon déjeuner ?

– Oh, grand et sage Nkwazi, lui répond Sipho, ma harde a faim d'histoires. Sais-tu où je pourrais en trouver ?

– Je suis très sage en effet, dit l'aigle, mais je ne connais que ce qui est sur la terre. J'ai une amie qui sait les secrets de la mer. Elle pourra peut-être t'aider. Attends-moi, je vais te la chercher. »

Sipho patiente plusieurs jours au bord de la mer tourmentée, et enfin, l'aigle réapparaît. « Mon amie, la tortue marine, va t'emmener dans les grandes profondeurs, et là, tu trouveras des histoires », lui dit-il. Et à ce moment même, là voici qui se hisse hors de l'eau.

« Tiens-toi à ma queue avec ta trompe, ordonne la tortue de sa grosse voix profonde. Je vais te mener au pays du Peuple des esprits. »

Sipho obéit et, ensemble, elles s'enfoncent dans les profondeurs de la mer.

Dans l'eau, des poissons aux écailles scintillantes filent comme l'éclair. Traversant des forêts d'algues, l'éléphante descend toujours plus profondément. Elle finit par arriver au pays du Peuple des esprits. La tortue la conduit alors jusqu'aux trônes du roi et de la reine. Sipho s'incline devant eux, et ils lui demandent :

« Qu'attends-tu donc de nous, hôte de la terre ferme ? »

Sipho leur parle de sa harde et explique qu'ils se réunissent à la tombée de la nuit mais n'ont pas d'histoires à se raconter.

« C'est vrai, répondent le roi et la reine. Nous connaissons beaucoup d'histoires. Mais qu'aurons-nous en échange ?

– Que désirez-vous ?

– Nous voulons savoir comment on vit sur la terre ferme », répondent-ils.

Alors Sipho commence par raconter sa propre histoire.

Elle leur parle du plaisir de se vautrer dans la boue, du soleil ardent, des cris des animaux dans le silence de la nuit.

« Tu sais déjà raconter des histoires, disent le roi et la reine. Avec tes mots, tu nous as envoûtés et tu nous as transportés au soleil, sur la terre. En échange, nous allons te donner ce coquillage. Chaque fois que tu voudras une histoire, mets-le contre ton oreille et tu en entendras une.

– Merci », dit Sipho, en s'inclinant de nouveau. Puis elle se remet à nager et remonte toujours plus haut vers la lumière et vers la terre ferme de son univers.

Arrivée au rivage, elle retrace son chemin jusqu'à la harde, qu'elle retrouve à son odeur grâce à sa trompe. Et ce soir-là, sous les hautes branches du grand baobab, ils s'écrient ensemble :

« Raconte, Sipho. Raconte. » Alors Sipho met le coquillage contre son oreille et elle commence : « Il était une fois… »

Et c'est comme cela qu'ont commencé les histoires.

La grenouille la plus grosse du monde

Il y a très, très longtemps, à l'époque de l'âge d'or, en Australie, vivait Tiddalik, la plus grosse grenouille du monde.

Voici qu'un jour elle se réveille avec une soif dévorante. « Arrrgh ! coasse-t-elle. J'ai la gorge sèche. Vite, de l'eau. » Et elle se met à boire.

Tiddalik aspire à grands traits l'eau des sources qui glougloutent. Elle vide les ruisseaux qui gazouillent et avale les mares et les étangs. Elle boit jusqu'à la dernière goutte les rivières et les lacs.

Puis, elle se lèche les babines et coasse : « J'ai encore soif ! Il doit bien y avoir de l'eau quelque part. »

À grands coups de sa langue gluante, elle perce dans le ciel des nuages de pluie, qui déversent leurs averses. Les gouttes dégoulinent dans sa gorge grande ouverte… jusqu'à ce qu'enfin, elle soit sur le point d'éclater.

Tiddalik a réussi à étancher sa soif, mais, sans eau, le monde se met à dépérir. Le sol se fissure. Les plantes flétrissent, jaunissent et meurent. Les arbres perdent leurs feuilles ; ils tombent morts sur le sol, qui soupire : « Au secours. Je meurs de soif. »

Alors, tous les animaux se rassemblent près du lit asséché du fleuve Molonglo pour voir ce qu'ils pourraient faire pour sauver le monde.

Le crocodile prend la parole en premier. « Tiddalik doit nous rendre notre eau ! » réclame-t-il en claquant ses mâchoires. « Mais comment ? » entonnent en chœur l'émeu et le kangourou.

« Je pense qu'il faut faire rire Tiddalik ! déclare le sage vieux wombat. Il suffirait qu'elle ouvre la bouche pour que l'eau en jaillisse... »

Les animaux se précipitent vers les sables de Kwongan où se repose Tiddalik. Le kookaburra donne le coup d'envoi avec sa blague la plus drôle, et l'émeu éclate d'un rire si fort qu'il réveille les chauves-souris. Mais Tiddalik ne fait pas attention. Le kangourou et le wallaroo sautent à travers des cerceaux pendant que le scinque à langue bleue fait virer sa langue au rose. « Tralala, tsoin-tsoin ! » rit le bandicoot-lapin. Mais Tiddalik ne fait pas attention.

Pendant des jours et des jours, blagues, pirouettes, danses et chansons se succèdent sans que la grenouille distendue n'esquisse le moindre sourire. Puis, enfin, l'anguille fait son entrée. Elle se cachait sous la dernière trace de boue, qui s'est transformée en poussière sous le soleil impitoyable.

Elle se met à virevolter et à sauter sur place. Puis elle frétille et se tortille, et tombe de tout son long. Pour la première fois, Tiddalik oublie de froncer les sourcils, et l'ombre d'un sourire se dessine sur ses lèvres.

« Encore ! crie le sage vieux wombat. Continuez, madame l'anguille, continuez ! »

L'anguille se remet à sauter et à se tortiller, tandis qu'un grand sourire se répand sur le visage de Tiddalik et que ses joues gonflées se mettent à trembler.

Pour terminer, l'anguille se met à tourner sur place si vite qu'elle finit par se transformer en un tas de nœuds.

En voyant l'anguille se tortiller, Tiddalik sait qu'elle ne tiendra pas. Se tenant le ventre, elle roule les yeux et laisse échapper un énorme éclat de rire.

L'eau jaillit de sa bouche béante avec un grondement assourdissant.

Elle se répand dans les crevasses de la terre desséchée, puis glougloute à nouveau dans les sources. De là, elle descend dans les ruisseaux qui gazouillent, puis s'écoule dans les rivières qui alimentent les lacs. Et voilà le monde à nouveau baigné par les eaux. Le ciel s'assombrit, les nuages gonflent, puis un par un, ils crèvent. La pluie se met alors à tomber à seaux, redonnant enfin vie à la terre.

En voyant tout cela, l'air honteux, Tiddalik coasse d'une grosse voix : « Je promets de ne plus jamais me montrer aussi égoïste. »

Brer lapin et le tir à la corde

Brer lapin suit le sentier en sautant, hop, hop, hop. Il ne sait ni où il va, ni ce qu'il va faire. Tout ce qu'il sait, c'est qu'il s'ennuie ferme. « Il faut que je m'amuse », se dit-il.

Puis, le malicieux Brer aperçoit du coin de l'œil le Vieux Rhinocéros grognon. Il se trouve tout au fond d'un fossé poussiéreux, en train de frotter vigoureusement son gros dos ridé contre un rocher.

« Ce rhinocéros ne me montre jamais le moindre respect, se dit Brer lapin en l'observant. Il croit pouvoir m'ignorer parce que je suis un peu plus petit et un peu plus jeune… »

Puis, du coin de l'autre œil, il voit Dame Hippopotame, avec ses nombreux bourrelets, qui semble prendre un grand plaisir à se vautrer dans la boue visqueuse.

Brer lapin se tortille et renifle, ses longues moustaches toutes frémissantes.

« Quant à Dame Hippopotame, se dit-il, elle est aussi prétentieuse que grosse. »

À ce moment, Brer lapin se fige et se met à réfléchir. Sur une branche, au-dessus de lui, pend une vieille liane sinueuse.

« Ah, ah ! se dit-il. Voilà ce qu'il me fallait pour m'amuser. » Et il se met à tirer sur la vieille liane jusqu'à ce qu'elle cède. Il la ramasse puis, hop, hop, hop, il se dirige par bonds vers le fossé.

« Rhino-ridé ! crie Brer lapin. Je parie que tu es aussi vieux que ce rocher. Je suis capable de te battre haut la main au tir à la corde. Oui, pour sûr, tu es battu d'avance avec Bibi lapin, le malin.

– Blanc-bec ! grogne le Vieux Rhinocéros, piqué au vif. Mais regarde-toi ! Tu as beau être malin et impertinent, tu n'es guère musclé. Passe-moi cette liane, je vais te montrer ce que peut faire un rhinocéros comme moi.

– Puisque tu insistes, répond Brer avec un petit sourire. Reste où tu es, Rhino-ridé. Moi, je vais derrière la colline. Attends, et quand je donnerai un coup sur la liane, nous pourrons commencer. »

Vif comme l'éclair, Brer lapin va retrouver l'hippopotame qui est en train de se vautrer. « Dame Paresse ! lui crie-t-il, n'avez-vous rien de mieux à faire que de vous prélasser dans la boue toute la journée ? Je vous parie mes oreilles et mes moustaches que je suis capable de vous battre au tir à la corde. Vous êtes battue d'avance avec le génial Brer lapin. »

Dame Hippopotame fait quelques bulles avec ses naseaux en signe de mécontentement.

« Comment oses-tu me parler sur ce ton, bon à rien. Passe-moi cette liane, et tu vas voir ce que tu vas voir. »

Brer lapin lui tend la liane et revient sur ses pas.

« Attendez là, ordonne-t-il. Quand j'aurai donné un coup sur la liane, nous commencerons. »

Brer lapin va se placer à mi-chemin entre ses deux victimes.

Puis, avec un gloussement de joie pure, il donne un coup à gauche, puis un coup à droite.

Ne s'attendant pas à ce que Brer lapin leur oppose beaucoup de résistance, les deux grosses bêtes tirent sur la liane sans forcer.

Ni l'un ni l'autre ne bouge.

« Hum ! dit le Vieux Rhinocéros. Cette fois, ça devrait suffire. » Et il tire beaucoup plus fort.

« Ho ! » s'écrie Dame Hippopotame, qu'il a réussi à traîner dans la boue. « Ho! Hisse ! » hurle-t-elle, en tirant à son tour de toutes ses forces.

Le Vieux Rhinocéros et Dame Hippopotame continuent à tirer, à tirer et à tirer, jusqu'à se mettre hors d'haleine et à en avoir les pattes qui flageolent.

« Vraiment, ce lapin est incroyable ! » s'essouffle Dame Hippopotame.

« Il est prodigieux ! » halète le Vieux Rhinocéros.

Assis sur une colline à les regarder, Brer lapin rit à n'en plus pouvoir. Puis, avec une petite scie, il coupe la liane en deux.

PLOUF !

Dame Hippopotame s'effondre dans la boue.

SPLAF ! Le Vieux Rhinocéros tombe à la renverse sur son dos ridé. Quand Dame Hippopotame lève les yeux, elle aperçoit Brer lapin qui la regarde, l'œil pétillant. « La liane s'est rompue ! Est-ce que je vais en chercher une autre, pour que nous puissions recommencer ?

– Non, non ! » répond bien vite l'hippopotame hors d'haleine.

Voyant Brer lapin qui continue à sautiller, elle laisse échapper un soupir. « Tu es plus fort que moi, en effet... Comment cela se fait-il ?

– Il ne faut pas juger les gens aux apparences, répond Brer lapin. Elles peuvent être trompeuses. »

« Ohé, Rhino-ridé ! s'écrie ensuite Brer, qui est retourné en sautillant au fossé poussiéreux. La liane s'est rompue, mais en voici une autre. Nous pouvons recommencer. »

Le Vieux Rhinocéros a un haut-le-cœur. « J'en ai assez. Je ne t'aurais jamais cru aussi fort. »

Après cette aventure, Dame Hippopotame et le Vieux Rhinocéros montrèrent le plus grand respect à Brer lapin.

« Ô grand Brer lapin ! » lui crient-ils chaque fois qu'il apparaît. Et Brer lapin se dit, la tête haute :

« Ah ! Je suis vraiment génial ! »

Comment l'ours perdit sa queue

À l'époque où les animaux étaient encore doués de la parole, l'ours avait une belle queue longue et lisse. « C'est la plus belle queue du monde », se vantait l'ours en la remuant en l'air pour la faire admirer.

« Je parie que tu aimerais bien avoir une queue comme la mienne, disait l'ours au serpent.

– C'est sssssûr, sifflait le serpent en glissant dans l'herbe.

– Je parie que tu aimerais bien avoir une queue comme la mienne, disait l'ours au tamia.

– Oui, oui, oui, couinait le tamia, en sautillant.

– Je parie que tu aimerais bien avoir une queue comme la mienne, disait l'ours au renard.

– Non », lui répond un jour le renard qui en avait assez de l'ours et de ses vantardises. Il se dit que le moment est venu de lui jouer un tour. « Il est bien trop content de lui, songe-t-il. Et comme je suis le plus malin de tous les animaux, c'est à moi de le faire… »

C'était la période de l'année où Hatho, l'esprit du gel, parcourt le pays. L'eau des lacs était gelée, les arbres couverts de flocons brillants, et il n'y avait pas grand-chose à manger.

Comme le renard savait que l'ours avait très faim, il décide de profiter de l'occasion. Il fait un trou dans la glace là où l'ours aime se promener. Quand ce dernier arrive de son pas pesant, il découvre le renard assis près du trou, la queue dans l'eau, entourée de poissons étincelants.

« Salut, mon frère, dit l'ours. Que fais-tu ?

– Salut, répond le renard. Je pêche. Veux-tu essayer ?

– D'accord », dit l'ours, qui a déjà le goût du poisson frais dans la bouche. Si le renard a réussi à attraper tout un cercle de poissons, se dit-il, combien pourrais-je en attraper ? Après tout, ma queue est plus longue et plus puissante que celle du renard.

« Il te faut un autre trou, dit le renard. J'ai déjà pris tous les poissons à cet endroit. » Et il emmène l'ours à un endroit où il sait qu'il n'y en a aucun.

Le renard fait un trou dans la glace pour l'ours. « Bon, dit-il, écoute-moi bien. Mets-toi le dos au trou et plonge ta queue dans l'eau. Quand un poisson mordra, retire vite ta queue. Mais ne bouge pas avant d'en avoir attrapé un, car tu risques de leur faire peur.

– Pour une fois, je vais faire exactement ce que tu me demandes », répond l'ours, qui plonge sa précieuse queue dans l'eau glacée.

Le renard le surveille pour voir s'il lui obéit, puis va se pelotonner dans sa tanière et s'endort.

Cette nuit-là, la neige tombe à gros flocons. Le lendemain matin, quand le renard met le nez dehors, il découvre un univers tout blanc.

« Il faudrait quand même que j'aille voir ce que devient l'ours, se dit-il. Je me demande s'il est encore là. »

Dans la neige, le renard se rend au lac, mais il ne voit l'ours nulle part. Puis, au milieu du lac, il entend un puissant ronflement. Le bruit vient d'un gros tas de neige qui se trouve au milieu de la glace.

« C'est l'ours, couvert de neige ! » se rend compte le renard, qui cache un sourire malin avec sa queue. « Il est temps que je le réveille ! » décide-t-il.

Il s'avance à hauteur de son oreille et, respirant à fond, il aboie : « Debout, l'ours ! ». L'animal, tiré de son sommeil, sursaute.

« Est-ce que j'ai attrapé un poisson ? » s'écrie-t-il en tirant énergiquement sur sa queue. Mais dans la nuit, l'eau du trou a gelé et, avec ce coup sec, l'ours l'a arrachée. Tout simplement. En se retournant, au lieu d'une belle truite bien dodue, il voit sa pauvre queue, longue et lisse, qui gît tristement sur la glace.

« Tu me le paieras, renard ! » crie l'ours.

Le renard est pris d'un grand fou rire, mais il est quand même plus rapide que l'ours. Il se précipite vers la forêt et disparaît dans un éclair luisant de fourrure rousse.

C'est ainsi que depuis ce jour, les ours ont la queue courte et n'aiment guère les renards.

Le lion et la souris

La souris trottine dans la savane. Chaque fois qu'elle entend un bruit, elle s'arrête, jette un coup d'œil autour d'elle et dresse l'oreille. Elle sait que le danger vient de partout : des faucons dans le ciel aux serpents sur la terre...

Elle est si inquiète qu'elle ne se pose aucune question sur le grand monticule doré qui se trouve devant elle. Sinon, elle n'aurait pas manqué de remarquer qu'il bougeait légèrement et qu'un ronronnement profond s'en échappait. Mais cela étant, toujours trottinant, elle se met à grimper...

… puis PATATRAS !
dégringole de l'autre côté.

« Nom d'une pipe ! marmonne-t-elle. Que ce monticule est glissant. »

Sans pouvoir s'arrêter, pattes par-dessus tête, de culbute en culbute, elle descend la pente lisse et soyeuse et finit par atterrir sur une bosse noire, froide et humide… un nez.

« Curieux, se dit la souris. C'est bien la première fois que je vois un monticule avec un nez. »

Deux grands yeux s'ouvrent alors. « MONTICULE ? QUEL MONTICULE ? tonitrue une voix. JE SUIS UN LION FURIEUX. Comment oses-tu me réveiller ! » Sur ces mots, le lion saisit la souris dans ses griffes.

« Pardon, chuchote la souris d'une voix entrecoupée. Je vous demande pardon.

– Sais-tu ce que je fais à ceux qui ont le malheur de me réveiller ? » poursuit le lion.

Terrifiée, la souris secoue la tête.

« Je les dévore, dit le lion. Et quant à toi, je vais t'avaler tout rond.

– Par pitié, s'écrie la pauvre souris. Épargnez-moi... Je suis si petite, je représente à peine une bouchée. Je n'apaiserai pas

votre faim, c'est sûr. Songez-y, si vous me sauvez la vie, je vous rendrai peut-être un jour la pareille. »

Le lion ouvre alors grand sa gueule. La souris aperçoit des dents blanches acérées ainsi qu'une langue rouge sang. Elle baisse la tête et s'attend au pire. Mais le pire n'arrive pas. Hurlant de rire, le lion tombe à la renverse, en agitant ses énormes pattes en l'air.

« Me sauver la vie ! s'écrie-t-il. Tu veux rire. Que pourrait une souris pour le Roi des Animaux ? Va, ma petite. J'ai de quoi rire pendant une semaine. »

Sans demander son reste, la souris, terrifiée, se sauve alors à toutes pattes.

Mais voici qu'une semaine après, le lion qui sortait de sa tanière se prend les pattes dans une corde… et PAF !

Il est pris au piège. Il a beau se débattre, rien n'y fait. « Il ne me reste plus qu'à attendre l'arrivée des chasseurs, se dit le lion. Comment ose-t-on me faire ça, à moi, le Roi des Animaux ! »

Et de rage, il se met à rugir de toutes ses forces. Bien loin, de l'autre côté de la savane, la souris entend les cris du lion.

« Il est dans le pétrin, pense-t-elle, il faut que j'aille à son secours. »

Sans perdre une seconde, la souris se précipite vers la tanière du lion, où elle le découvre emprisonné dans un filet, et qui se débat à grand renfort de rugissements.

« Ne vous en faites pas, lion, couine la souris, je suis là, je vais vous aider.

– Tu ne pourras rien, petite souris, rétorque le lion, des larmes de rage lui coulant sur les joues. Il est trop tard pour me sauver. Je suis pris pour de bon.

– Chut ! lui ordonne-t-elle. Tenez-vous tranquille. »

Et elle se met à grignoter les mailles du filet.

Elle travaille aussi vite qu'elle peut, mais la corde est épaisse et ses dents sont petites. Le soleil descend sous l'horizon, la nuit tombe et les étoiles se lèvent, mais la souris continue à grignoter. Le lendemain matin, au petit jour, le lion est enfin libre.

Il sort du filet, fait le dos rond, lève la tête et pousse un énorme rugissement qui retentit bien loin. La petite souris tremble de le voir si grand, sa grosse crinière luisante sous le soleil levant.

« Merci, dit le lion, baissant la tête vers elle. Tu m'as sauvé la vie. J'ai eu tort de me moquer de toi. Je sais maintenant que l'amitié ne se mesure pas à la taille. »

Le singe et le crocodile

Sur les bords du Gange, se trouvait un beau jambosier sur lequel vivait un singe au pelage lisse et doré. Il n'aimait rien tant que de paresser à l'ombre de ses branches et de savourer ses fruits délicieux.

Par un beau jour ensoleillé, le singe voit un long crocodile sortir de l'eau pour se reposer sur la berge.

« Goûte, lui conseille le singe, en lui lançant un fruit mûr d'une belle couleur rosée. Il n'y a rien de plus délicieux au monde. »

Le crocodile l'attrape de ses mâchoires hérissées de dents. « Miam, s'exclame-t-il. Quel régal ! Si sucré ! Merci. »

Le crocodile vient alors voir le singe tous les jours. Ensemble, ils dégustent les fruits de cet arbre merveilleux et devisent dans la fraîcheur de son ombre.

« Es-tu marié ? demande un jour le singe.

– Oui, répond le crocodile.

– Alors, il faut que tu apportes à ta femme les plus belles jamboses que tu trouveras, déclare le singe, pour qu'elle puisse elle aussi en goûter la douceur. »

Le crocodile ouvre grand son énorme gueule et le singe la remplit de savoureux fruits.

La femme du crocodile se régale et est ravie.

« Quel festin ! s'écrie-t-elle en avalant les jamboses. Où les as-tu trouvées ?

– Sur un arbre, sur les bords du Gange, répond le crocodile.

– Mais tu ne sais pas grimper aux arbres, rétorque sa femme. Les as-tu ramassées par terre ?

– Oh non ! Mon ami le singe me les jette de l'arbre. Ensuite, nous causons à l'ombre.

– Ah, c'est pour ça que tu rentres tard depuis quelque temps, remarque sa femme. Mmmm, poursuit-elle en se léchant les babines. Le goût d'un singe nourri aux jamboses doit être bien délicat. Je parie que son cœur a un goût paradisiaque ! Apporte-le-moi !

– Impossible ! s'écrie le crocodile horrifié. Ne me demande pas ça... ce singe est mon ami.

– Apporte-le-moi, demande sa femme. Sinon, je me laisse mourir de faim. »

Le crocodile s'efforce par tous les moyens de la faire changer d'avis, mais elle ne cède pas.

« Il me faut le cœur de ce singe demain », répète-t-elle.

Alors, le lendemain, le crocodile rend visite au singe. « Cher ami, dit-il, ma femme t'invite à prendre le thé pour te remercier des délicieuses jamboses.

– Mais tu vis dans l'eau, répond le singe. Je vais me noyer si je viens chez toi.

– Non, non, affirme le crocodile. Nous vivons sur une île ensoleillée au milieu du fleuve. Je te transporterai sur mon dos, tout ira bien. »

Le singe descend du jambosier, les bras pleins de fruits pour la femme du crocodile. Il saute sur le dos de son ami et, flic-flac, ils se mettent à traverser le vaste fleuve.

Plus ils se rapprochent de la maison du crocodile, plus celui-ci se sent coupable. « Le singe est mon ami, se dit-il. Je ne veux pas que ma femme le mange. »

Enfin, il n'en peut plus. « Je n'ai pas été honnête avec toi, mon ami, dit-il. Ma femme t'a invité, mais c'est seulement pour dévorer ton cœur.

– Dévorer mon cœur ? s'écrie le singe, qui se met vite à réfléchir. C'est ce qu'elle veut ? Pourquoi ne me l'as-tu pas dit plus tôt ? Je ne l'ai pas sur moi, mon ami. Il est bien trop précieux. Je l'ai mis en sécurité en haut de mon arbre.

– Alors, retournons le chercher », dit le crocodile, à la grande joie du singe.

D'un coup de queue, le crocodile fait demi-tour et se dirige vers la berge opposée.

Dès qu'ils touchent terre, le singe saute du dos du crocodile et se précipite en haut de son arbre, mais il y reste perché.

« Qu'est-ce que tu fais ? lui demande le crocodile qui attend patiemment en bas.

– Ne savais-tu pas que nous les singes, nous avons notre cœur dans notre corps ? demande le singe. Va-t-en, gros bêta, et va dire à ta femme que je ne vous donnerai plus jamais de jamboses, ni à l'un ni à l'autre. »

Brer lapin est bien attrapé

Par un beau jour ensoleillé, Brer lapin qui se promenait en sautillant, hop, hop, hop, aperçoit la tortue qui se chauffe au soleil.

Brer s'allonge à côté d'elle, et ils passent l'après-midi à se prélasser et à se raconter des histoires à dormir debout.

Bientôt, Brer lapin se met à se vanter comme d'habitude. « Je suis le coureur le plus rapide du monde ! » dit-il. Mais la tortue n'est pas d'accord, ah non. « Je te parie que si nous faisions la course, c'est moi qui gagnerais », lui dit-elle.

Brer lapin se tient les côtes de rire.

« Tu avances si lentement qu'il est difficile de savoir si tu bouges, se moque-t-il. Tu ne me battras jamais, lambine.

– Oh que si ! répond la tortue en se rengorgeant.

Je te donne rendez-vous demain à cet endroit même. J'aurai une plume blanche sur la tête pour que tu me voies dans les hautes herbes. Nous passerons par ces quatre collines et le premier arrivé au sommet de la quatrième sera le gagnant.

– Marché conclu », répond Brer lapin, qui s'en va à grands bonds.

Il est si sûr de battre la tortue qu'il dit à toutes ses connaissances de venir assister à la course. « Attendez-nous à la ligne d'arrivée, dit-il. Je serai le premier, bien entendu. »

Dès que Brer lapin est parti, la tortue s'en va cahin-caha retrouver sa famille. « Brer lapin est l'animal le plus rapide des environs, se dit-elle. Et de plus, il a joué des tours à tout le monde. Comment faire pour être plus maligne que lui… ? »

Le temps d'arriver, elle a déjà arrêté son plan. « Je vais vous donner à chacune une plume blanche, dit-elle. Je veux que vous vous postiez à différents endroits de la piste, en haut de chaque colline et au fond de chaque vallée.

Prenez bien soin
de vous montrer quand Brer
lapin vous dépasse. »

Le lendemain matin, les deux animaux se retrouvent au point de départ.

« À vos marques,

prêts,

partez ! »

crie un renard tout excité, et les voilà partis.

Brer lapin démarre à toute vitesse et, bientôt, sa queue blanche disparaît à l'horizon.

Le frère de la tortue, avec sa plume de même couleur, avance à pas pesants pendant un bout de temps. Puis, dès que Brer lapin a disparu, il se glisse dans les broussailles, un petit sourire sur sa face ridée.

Quand Brer lapin arrive à grands bonds à la première côte, il aperçoit la tortue qui avance à pas lourds devant lui, et il se frotte les yeux. « Et moi qui croyais l'avoir laissée loin derrière ! »

Furieux, le lapin accélère et dépasse bien vite la tortue.

« Ha ha ! Bien fait ! » s'écrie-t-il.

Mais dès que Brer lapin a tourné le dos, le frère de la tortue enlève sa plume blanche et disparaît dans les buissons, en gloussant de rire.

Quand Brer lapin parvient au fond de la vallée, il voit de nouveau la tortue avec sa plume blanche bien visible.

« C'est pas vrai, s'écrie Brer lapin, elle a dû me dépasser ! » Ruant de ses pattes de derrière, Brer lapin se remet à courir de toutes ses forces.

Une fois de plus, il dépasse la tortue à toute vitesse, mais chaque fois qu'il atteint le sommet d'une colline ou le fond d'une vallée, la tortue est toujours devant lui, lambinant de l'air le plus insouciant.

Brer lapin arrive à la quatrième colline. La voie est libre. « J'ai gagné, j'ai gagné ! » se dit-il, mais au dernier moment, la tortue apparaît de nouveau, tout près de la ligne d'arrivée.

Levant avec une lenteur pénible une de ses pattes de devant, elle franchit la ligne d'arrivée.

Elle a GAGNÉ !

Brer lapin la dépasse en trombe quelques secondes plus tard dans un éclair de fourrure claire. Mais c'est trop tard, il a perdu.

« Hourra pour la tortue ! » crie la foule.

Pendant que la tortue s'incline devant ses admirateurs, Brer lapin s'effondre épuisé, dans la poussière.

« On dirait que tu n'es pas si rapide que ça, dit la tortue.

– Je continue à penser que tu es lente, rétorque Brer lapin, mais je sais maintenant aussi que tu es maligne. Si seulement je pouvais savoir comment tu as fait pour gagner. »

La tortue se contente de sourire. Pour une fois, quelqu'un s'est montré plus futé que Brer lapin.

Comment le rhinocéros devint tout ridé

Il était une fois, au bord de la mer Rouge, un jeune homme appelé Manee. Il avait un chapeau merveilleux qui reflétait les rayons du soleil.

Manee ne possédait rien à part son chapeau, son couteau et son fourneau bien chaud.

Un jour, avec de la farine, de l'eau, des raisins secs, de la noix de muscade, du sucre et des prunes, il se fait un énorme gâteau, de 60 cm de diamètre et de 90 cm d'épaisseur. Il le met dans son fourneau bien chaud et le laisse cuire jusqu'à ce qu'il soit bien doré et dégage une odeur irrésistible.

Mais juste au moment où il va le manger, un rhinocéros arrive sur la plage. Il a une corne sur le nez, des petits yeux porcins et de très mauvaises manières.

À cette époque, la peau du rhinocéros lui allait comme un gant et n'était pas du tout ridée. Néanmoins, il était déjà mal élevé – et il le sera sans doute toujours.

« ARGN ! » fait le rhinocéros. Manee abandonne son gâteau et se réfugie sur le palmier le plus proche.

Ensuite, le rhinocéros renverse le fourneau du bout de son museau et avale le gâteau. Quand il a fini de manger, il s'en va la queue haute.

Manee redescend de l'arbre, redresse le fourneau et déclare :

Les voleurs des gâteaux
que Manee a fait cuire
auront à s'en r'pentir.

Et il ne raconte pas d'histoires.

Un mois plus tard, c'est la canicule sur les bords de la mer Rouge et tout le monde se découvre. Manee enlève son chapeau, et le rhinocéros, sa peau. Il descend à la plage pour se baigner, en portant sa peau sur l'épaule. À cette époque, elle se boutonnait sur le ventre, comme un manteau, avec trois boutons.

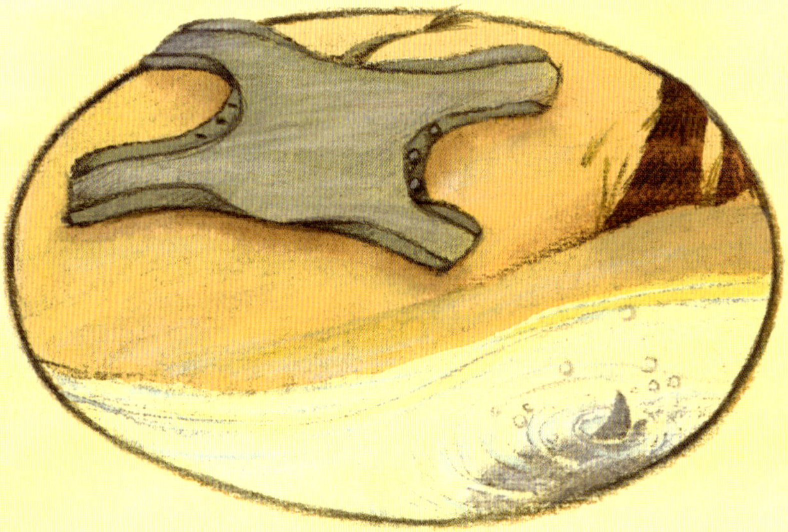

Le rhinocéros passe devant Manee sans rien dire à propos du gâteau, car il a toujours été mal élevé et le sera toujours. Il entre dans l'eau en se dandinant et fait des bulles avec ses naseaux, pendant que sa peau repose sur la plage.

Quand Manee est sûr que le rhinocéros ne fait plus attention à lui, il se précipite dans son camp et remplit son chapeau de miettes de gâteau.

De retour à la plage, il s'empare de la peau du rhinocéros...

et il étale dessus toutes les miettes de gâteau sèches,

rassies et super gratouillantes...

et il frotte la peau bien fort...

et il appuie pour les faire adhérer.

Ce travail fini, il grimpe sur le palmier et attend que le rhinocéros sorte de l'eau et remette sa peau.

Et le rhinocéros fait comme prévu. Il boutonne ses trois boutons, et le voilà qui se met à souffrir de démangeaisons insupportables. Il veut se gratter, mais ne fait qu'aggraver les choses. Il se couche dans le sable et se roule dans tous les sens, mais chaque fois qu'il se roule, les démangeaisons ne font qu'empirer.

Il se précipite vers le palmier et se frotte contre lui. Il se frotte si fort que sa peau se met à former un grand pli sur les épaules et un autre pli par-dessous et qu'enfin, il fait sauter les trois boutons.

Il continue à frotter et à faire des plis sur ses pattes et finit par être très en colère. Mais cela ne change rien, les miettes sont là, sous la peau, et y restent. Et Seigneur, ce qu'elles grattent !

Alors le rhinocéros rentre chez lui, de très mauvaise humeur et plein d'horribles démangeaisons. Et depuis ce jour, à cause des miettes gratouillantes, les rhinocéros ont la peau toute plissée et une humeur de chien.

Pourquoi les chiens et les chats se détestent

Il y a très longtemps, aux fins fonds du nord de la Chine, vivait un vieil homme avec ses deux amis, un chien aux longues pattes et un chat noir comme la nuit.

La maison du vieil homme se cachait derrière de hauts murs en pierre. Personne n'y entrait, personne n'en sortait, et bientôt on commença à se demander ce qui se passait à l'intérieur.

Un soir que la lune se cachait derrière les nuages, un voleur escalade les murs de la maison et se glisse à l'intérieur par une fenêtre ouverte. Là, il s'arrête, ébloui.

Des lanternes argentées éclairent une pièce remplie de trésors. Des piliers torsadés en jade soutiennent le plafond, des sculptures dorées brillent au quatre coins et sur les murs, dansent des dragons peints.

Furtivement, le voleur se glisse dans l'ombre de pièce en pièce. Il arrive enfin dans la salle où se tient le vieil homme avec son chat et son chien.

« Que veux-tu pour ton dîner ? » demande l'homme au chien.

Le chien lance un seul aboiement, et l'homme se met à rire.

« Je le savais ! dit-il en sortant de sa poche une baguette en ivoire. Comme il te plaît, comme il me plaît, j'aimerais un bon ragoût de bœuf », dit-il en donnant un coup de baguette.

Instantanément, un plat en argent débordant de ragoût apparaît comme par magie et flotte jusqu'au sol. Le chien avale son dîner en remuant la queue.

« Et toi, qu'aimerais-tu ? » demande ensuite le vieil homme au chat, roulé en boule à ses pieds. Le chat cligne ses yeux d'émeraude.

« Comme d'habitude donc », dit-il, en donnant un nouveau coup de baguette.

Cette fois-ci, un saumon rose et bien gras atterrit sur la table. Le chat se met à manger avec la délicatesse d'une impératrice dans son palais.

Le vieil homme donne un troisième coup de baguette. « Pour moi, ce sera un canard sauce aux prunes et des raviolis ! » dit-il. Quelques secondes plus tard, son repas fumant apparaît dans des bols en or. Après le dîner, le vieil homme se met à bâiller et, un par un, ils vont se pelotonner dans leurs draps de soie.

Le voleur se glisse sans bruit dans la chambre du vieil homme, s'empare de la baguette et disparaît.

Le lendemain matin, au réveil, le vieil homme cherche sa baguette. Ne la trouvant pas, il se met à fouiller désespérément dans toute la maison. Dans ses efforts, il renverse des trésors et déchire des manuscrits. « Je suis ruiné ! s'écrie-t-il. Je suis perdu sans cette baguette ! »

Le chien vient s'asseoir à ses côtés, et le vieil homme fixe les yeux brillants de l'animal et lui dit : « Me prêteras-tu tes pattes pour trouver le voleur ? » Le chien remue la queue et se met à aboyer.

Puis le vieil homme se tourne vers son chat. « Me prêteras-tu ton intelligence pour trouver le voleur ? » demande-t-il. Le chat se met à ronronner et lui lèche la main. Puis les deux animaux se mettent en route sans plus tarder.

Vivant de peu et de rien, ils parcourent toute la Chine au risque de leur vie pour trouver la baguette de leur maître, mais sans succès. Pas la moindre trace du voleur. Enfin, ils entendent parler d'un homme mystérieux, venu d'on ne sait où, plus riche que l'empereur lui-même. Il vit dans une grande maison, au milieu d'un fleuve bouillonnant.

« Je n'y arriverai jamais, dit le chat au chien, en examinant les eaux écumeuses. Il faut que tu me portes ! » Et il saute sur le dos du chien.

Le chien se jette à l'eau ; elle est si froide qu'il a le souffle coupé. Il fait tout son possible pour ne pas sombrer, mais, tels des milliers de serpents glacés, la rivière l'enveloppe.

« Je n'y arriverai jamais... je n'en peux plus ! s'écrie-t-il hors d'haleine.

– Allez ! exhorte le chat. Pense aux délicieux ragoûts et aux draps de soie. »

Le chien pense à son maître, si loin, et continue à grand-peine.

Ils arrivent enfin à bon port et s'arrêtent net.

Le voleur se tient devant la maison, la baguette au bout d'une cordelette.

« À l'attaque ! » aboie le chien qui fonce devant les gardes éberlués, renversant le voleur.

« Au secours ! » hurle le voleur.

Les gardes essaient de s'emparer du chien, mais il plante ses dents dans les vêtements du voleur. Vif comme l'éclair, le chat saute sur la baguette et l'agrippe avec ses pattes. Le voleur essaie de la reprendre, mais le chat enfonce profondément ses dents acérées dans sa chair.

« Aïe, aïe, aïe ! glapit-il.

– Comme il te plaît, comme il me plaît, ramène-moi à la maison, dit le chat.

– Attends-moi ! » gémit le chien, mais le chat a déjà disparu.

En un instant, le chat est de retour dans la maison du vieil homme. Elle a complètement changé. Un vent froid siffle dans les pièces vides et sombres. Le vieil homme est assis tout seul, les yeux fixés dans le vide. Lorsque le chat vient se frotter contre ses chevilles, un sourire éclaire son visage. « Tu es sain et sauf ! Dieu merci ! » s'écrie-t-il en le soulevant et en caressant ses oreilles soyeuses. « Et je me moque de la baguette, ajoute-t-il. Je suis seulement content de te revoir. » Puis il remarque la baguette à ses pieds. « Tu l'as rapportée », dit-il en grattant la tête du chat. « Mais où est le chien ? demande le vieil homme. T'a-t-il abandonné ? »

Le chat regarde le vieil homme de ses yeux verts pleins de tristesse en miaulant.

« Scélérat au cœur dur ! s'écrie le vieil homme. Pauvre chat, si courageux », ajoute-t-il, et le chat s'installe confortablement sur ses genoux.

L'hiver succède à l'été, et la neige couvre le sol d'un tapis épais. Un soir, on entend gratter à la porte. Le vieil homme va l'ouvrir et là, sur le pas de la porte, se trouve son chien. Il a une oreille déchirée, il est maigre et hirsute comme un épouvantail. Mais il aboie et saute de joie en revoyant son maître.

« Oh ! grogne le vieil homme. Maintenant que le chat m'a rendu ma fortune, tu as décidé de revenir, je vois.

– Raconte-lui ce qui s'est passé ! » aboie le chien au chat. Mais cet hypocrite se contente de sourire.

« Si tu n'arrêtes pas d'aboyer, s'écrie le vieil homme d'un ton mécontent, je t'envoie dans l'Himalaya ! »

Et il claque la porte au nez du chien. Le pauvre animal, la mort dans l'âme, s'en va la queue entre les jambes.

Le chat, son poil lisse et brillant, demeura donc chez son maître et le garda pour lui tout seul. Les chiens, cependant, n'ont pas oublié cette trahison, et depuis cette époque, ils détestent les chats.

Le chacal trompe le lion

Kwasuka sukela… ainsi commence cette histoire... (Cela veut dire, en zoulou, il était une fois...) un chacal, l'animal le plus rusé et le plus malicieux d'Afrique, qui se promenait le nez au sol. Ce Malin Chacal cherchait à manger.

Snif, snif, snif, reniflait-il. « Miam, je sens du lézard, se dit-il, cela fera un délicieux petit en-cas. Et ça, est-ce de l'antilope ? Non, quelque chose de plus gros, de beaucoup plus gros. »

Levant la tête, le malin chenapan se trouve nez-à-nez avec le lion, ou le Grand Bhubesi comme on l'appelle dans ce coin de l'Afrique.

« Miséricorde », se dit le Malin Chacal. Comme il lui a joué plus d'un tour, le Grand Bhubesi va sans doute vouloir se venger.

Immédiatement, le Malin Chacal a une idée. Il se met à trembler sur le bord du sentier, et jette des regards terrifiés sur les roches escarpées qui se trouvent au-dessus d'eux. « Au secours ! crie le Malin Chacal. Au secours ! Au secours ! »

Le lion s'arrête, surpris. « Oh, Grand Bhubesi, dit le Malin Chacal. Il faut faire vite. Voyez-vous ces gros rochers, là-haut ? Ils vont nous tomber dessus et nous écraser. Faites quelque chose, ô puissant lion, ou nous allons mourir tous les deux. »

Le Grand Bhubesi lève les yeux avec inquiétude, pendant que le Malin Chacal se couche à terre, les pattes sur la tête pour la protéger. « Vite ! crie le Malin Chacal, vite ! » Alors le Grand Bhubesi arrive d'un bond et, de son épaule puissante, se met à pousser de tout son poids. « Merci, ô grand roi, lui dit le Malin Chacal, je vais de ce pas chercher une poutre que nous mettrons sous le rocher pour le soutenir. »

Et en moins de temps qu'il ne faut pour le dire, le Malin Chacal disparaît. Cinq heures après, le Grand Bhubesi est toujours là sous son rocher. « Ce maudit chacal ne va pas revenir, se dit-il enfin. GRRRR ! »

... et le phacochère essaie de faire comme lui

Quelques jours plus tard, le Phacochère s'installe dans sa nouvelle tanière, une ancienne termitière merveilleusement spacieuse. Il s'affaire, il s'active, il agrandit l'entrée et creuse de-ci, de-là jusqu'à ce que tout soit parfait. Il est très content de lui. « Le Malin Chacal lui-même n'est pas aussi bien logé, dit le Phacochère. Mon logis est le plus beau d'Afrique. »

Tous les matins, le Phacochère se tient à l'entrée, le museau en l'air. Il voit passer des girafes, des zèbres et des gnous qui se rendent au point d'eau, et en a pitié.

« Ah, se dit-il. Personne n'est aussi bien logé que moi. »

Un jour que le Phacochère se tient fièrement devant son nouveau logis, le museau en l'air, il remarque avec horreur le Grand Bhubesi, le lion, qui s'avance vers lui.

Le Phacochère se met à reculer, mais l'entrée de son logis est si large que le Grand Bhubesi n'aurait aucun mal à le suivre à l'intérieur.

« Au secours ! se dit le Phacochère qui prend peur. Bhubesi va me manger dans ma propre maison. Que faire ? »

Puis, avec grand soulagement, il se souvient du tour qu'a joué le Malin Chacal au lion. Ce dernier s'en vantait seulement l'autre jour.

Le Phacochère se met alors à faire le dos rond de manière à toucher le haut de son entrée et s'écrie : « Au secours ! Je vais me faire écraser. Le toit s'effondre. Grand Bhubesi, sauvez-vous avant d'être écrasé avec moi. »

Le Grand Bhubesi baisse les yeux sur le Phacochère et se met à RUGIR.

« Me prends-tu pour un imbécile ? gronde-t-il. Je n'ai pas oublié le mauvais tour du Chacal. Je ne vais pas me laisser attraper une deuxième fois. »

Tremblant de peur, le Phacochère tombe à genoux.

« Ô Grand Bhubesi, supplie-t-il. Ayez pitié. Ne me mangez pas !

– Heureusement pour toi, je n'ai pas faim, répond le Grand Bhubesi. Je viens de déjeuner d'une antilope toute fraîche. Mais je t'ordonne, à partir d'aujourd'hui, de passer ton temps à genoux, gros bêta. »

Sur ce, le lion poursuit son chemin en riant tout seul et en secouant sa crinière. « Ha ! se dit-il, cet imbécile pensait copier le tour du Chacal. »

Quant au Phacochère… il n'a jamais oublié l'ordre
du lion. Aujourd'hui encore, on le voit se nourrir à
genoux, le derrière en l'air et le museau au sol,
l'air vraiment ridicule.

L'oiseau qui ne savait que sourire

En haut des forêts de nuages colombiennes, un batara à bec retroussé perché sur une tige de bambou se sentait bien esseulé. Il avait beau appeler les singes qui sautaient de branche en branche, les grenouilles à peau luisante, les serpents qui se faufilent au sol et les toucans bavards, tous poursuivaient leur chemin en lui souriant. « Tu as l'air de bonne humeur aujourd'hui », lui disaient-ils. En effet, le problème, c'était que le batara avait le bec retroussé vers le haut, et quoi qu'il fasse, il avait toujours l'air de sourire.

« Je n'ai vraiment pas le moral aujourd'hui, criait le batara. Je me sens bien seul ! » Mais personne ne faisait attention. « Le batara est toujours de bonne humeur, se disaient-ils, il n'a besoin de personne. »

Alors, le pauvre oiseau restait perché sur sa branche, la tête sous l'aile, tout triste.

Un jour, enfin, un petit singe hurleur s'arrête à côté de lui et examine la petite boule de plumes grises perchée au bout de la branche. « C'est toi, le batara ? » demande-t-il. Sous son aile, le batara hoche la tête. « Ça va ? » demande le singe hurleur. En guise de réponse, le batara enfonce sa tête encore plus profondément sous son aile. « Oh, batara ! s'exclame le singe hurleur. Je ne t'ai jamais vu dans cet état. As-tu le cafard ?

– Oui, se lamente le batara. Ça ne va pas du tout ! »

Alors, le petit singe se met à hurler de toutes ses forces. « Venez vite ! s'écrie-t-il. Le batara n'a pas le moral. »

Avec un bruissement d'ailes, un martèlement de pattes et un bruit de branches secouées, les autres animaux accourent. « Pauvre batara ! s'exclament-ils. Sors de dessous ton aile. Nous allons te réconforter. »

Le batara sort alors sa tête de derrière ses plumes et montre son bec au sourire radieux.

Le singe hurleur pousse un cri de surprise. « Mais... tu m'as joué un tour ! s'exclame-t-il.

– Ha ! jacasse une perruche. Tu n'as pas perdu ta bonne humeur à ce qu'on voit.

– Non... revenez ! » crie le batara aux animaux qui ont fait demi-tour.

« Il doit y avoir moyen de montrer à quel point je me sens seul », se dit-il. Enfin, à la nuit tombante, il trouve une solution.

Dès que la lune s'est cachée derrière les nuages, le batara se met à chanter. Il chante ses longues journées de solitude, les longues nuits noires et la tristesse qui se cache derrière son sourire. Les singes sont réveillés par ce chant lancinant. Les bébés singes se rapprochent de leur mère pour se faire consoler, et leurs mères les serrent encore plus fort. Les grenouilles ont la peau qui les picote de tristesse, et les vipères sentent les larmes leur monter aux yeux.

« Qui donc chante cette chanson si mélancolique ? » se demandent-ils tous. En s'orientant à l'aide du chant, les animaux arrivent aux bambous où chante le batara dans la nuit. Mais, pendant qu'ils le regardent les yeux pleins de pitié, les nuages laissent soudain passer un rayon de lune, qui éclaire le sourire du batara.

« Quel méchant tour ! s'écrient les grenouilles dorées.

– Une fois c'est drôle, deux fois c'est trop, déclarent les singes hurleurs, vexés.

– Regardez ce sourire moqueur, ajoute la vipère. Tu n'as jamais été aussi content. Va-t-en ! »

Alors, le batara s'envole très, très loin. Il vole toute la nuit dans le noir. « Je vais vivre tout seul, décide-t-il, ma solitude ne sera pas pire que maintenant. »

Lorsque le jour se lève, il est arrivé au plus profond de la forêt. Il n'entend que le bruissement des feuilles... et le bruit d'un animal qui fouille le sol. Il a de drôles de pattes pointues et un tout petit bout de queue. Mais le plus étrange, c'est sa trompe, qui pend par-dessus son menton. Jamais le batara n'a vu de visage aussi triste. « Qui es-tu ? demande le batara.

– Je suis un tapir, répond l'animal.

– On dirait, à te voir, que tu es aussi triste que moi ! déclare le batara, en examinant son visage mélancolique.

– Tous les tapirs sont comme ça, répond l'animal, même quand ils sont très heureux. Je crois qu'il faut regarder une personne dans les yeux pour savoir ce qu'elle ressent. »

Et à partir de ce jour, le batara et le tapir sont devenus les meilleurs amis du monde. Ils savaient tous deux ce qu'éprouvait l'autre... même si l'un avait toujours triste mine et l'autre un glorieux sourire retroussé.

La fourmi et la sauterelle

Par une chaude journée d'été, les abeilles bourdonnaient, les papillons voletaient et une sauterelle crissait dans l'herbe de tout son cœur. « Ah ! que la vie est belle », se disait-elle en se balançant au gré du vent. Levant les yeux sur le ciel tout bleu, elle soupirait d'aise.

« Je ne sais pas comment tu fais pour passer tes journées à te prélasser, murmure soudain une petite voix aiguë au-dessous d'elle. Il y a tant à faire. Je n'ai même pas le temps de souffler. »

La sauterelle baisse la tête et aperçoit une fourmi qui s'affaire au sol, un bel épi de blé bien doré sur le dos.

« Détends-toi, chante gaiement la sauterelle. Profite de la vie ! Ne passe pas ton temps à travailler.

– Je me prépare pour l'hiver, lui répond la fourmi, d'un air important. Et je te conseille de faire comme moi.

– Mais pourquoi me soucier de l'hiver ? demande la sauterelle. C'est l'été, maintenant, et je ne manque de rien. D'ailleurs, ajoute-t-elle, j'adore chanter.

– Eh bien, tu es trop bête ! » répond la fourmi en haussant les épaules, et elle continue son chemin.

Les chaudes journées s'écoulent une à une. La brise emporte le chant de la sauterelle dans tous les azimuts. Elle saute dans les champs de blé en criant : « L'été est là ! L'été est là ! Jouons sans trêve ! » Elle s'amuse tant qu'elle peut. De temps en temps elle voit la fourmi au travail. « Pauvre fourmi, se dit-elle. Tu fais une grosse erreur ! Tu gaspilles ces belles journées d'été. » La fourmi ne fait pas attention.

Elle est bien trop décidée à faire des provisions pour l'hiver. Puis, le temps se met à changer, lentement tout d'abord. La chaleur se dissipe et le fond de l'air refroidit. Des vents froids se mettent à siffler et à cingler les arbres, et les feuilles tombent.

Sous la terre, bien au chaud dans son lit, la fourmi est entourée de blé délicieux. Dehors, sur le sol gelé, la sauterelle essaye de s'abriter sous un tas de feuilles. Malade de froid et de faim, elle n'arrive même plus à chanter. Elle est bien trop triste pour de telles distractions.

Aux premiers signes de neige, la sauterelle sait que sa fin est proche. En voyant les flocons tourbillonner dans le ciel, elle ferme les yeux et rêve de l'été. Puis elle se souvient...

« La fourmi ! se dit-elle. Elle doit avoir plein de réserves. Après tout, pendant que je chantais, elle n'a rien fait d'autre tout l'été que de ramasser à manger. »

La sauterelle sort péniblement de son tas de feuilles et vient se mettre à l'entrée du nid de la fourmi.

« Fourmi, au secours ! appelle-t-elle. Au secours, à l'aide ! Je meurs de faim, ici, au froid. »

Sous la terre, bien au chaud, la fourmi entend l'appel de la sauterelle. Elle se rend à l'entrée de son nid et met le nez dehors. « Pourquoi veux-tu que je t'aide ? dit-elle. Tu t'es moquée de moi tout l'été. C'est de ta faute si tu n'as rien à manger.

– Je sais, je sais, répond la sauterelle. Ah ! si seulement je n'avais pas été si bête et fait comme toi.

– C'est trop tard maintenant », répond d'un ton sec la fourmi, en faisant demi-tour. Mais elle jette un dernier coup d'œil à la sauterelle, qui grelotte dans la neige, et soupire.

« Bon, bon... dit-elle enfin. Tu peux entrer. »

L'été suivant, la sauterelle se remet à chanter de tout son cœur... Mais, tout en chantant, elle travaille.

« Que fais-tu ? crissent les autres sauterelles. Tu ramasses à manger pour l'hiver ? On se moque bien de l'hiver ! Viens donc chanter et sauter avec nous. »

Mais la sauterelle secoue la tête. Elle n'est pas si bête.

La rate qui allait être l'épouse du soleil

Il était une fois, dans une ferme entourée de rizières, deux rats riches et heureux. Ils n'avaient qu'un enfant, une jolie petite fille au poil lisse, aux oreilles dressées et aux yeux noirs et brillants. Les deux rats ne voulaient que ce qu'il y a de meilleur pour leur fille. Tous les jours, ils réfléchissaient à son avenir.

Un jour, voyant que sa fille était en âge d'être mariée, la Mère Rat va en vitesse retrouver son mari, hors d'haleine et tout excitée. « Le jour est venu ! s'écrie-t-elle. Il faut que nous trouvions à notre fille un mari noble et puissant.

– Entendu, répond le père. Je vais convoquer sans attendre le Soleil – car qui est plus grand que lui ? »

Le Père Rat convoque le Soleil, qui apparaît tout de suite. « Petit rat, demande le Soleil, pourquoi m'as-tu appelé ?

– Voici ma fille, répond le Père Rat. Si elle donne son accord, vous pouvez la prendre pour épouse. »

Puis, le Père Rat se tourne vers sa fille et lui demande : « Le Dieu Soleil qui éclaire le monde te plaît-il ?

– Père, il est bien trop chaud, répond la petite rate, sa fille. Je n'en veux pas. Trouve un meilleur prétendant ! »

En entendant ces mots, le Père Rat s'adresse de nouveau au Soleil. « Grand Dieu Soleil, y a-t-il quelqu'un de plus puissant que vous ?

– Oui, il y a bien quelqu'un, répond le Soleil. Quand je veux briller sur la terre, un nuage vient souvent me cacher. Mes rayons n'arrivent pas à le percer ou à le faire partir. Je suis plus faible que le Nuage. »

Les rats voient qu'il a raison et demandent donc à un grand nuage de venir.

« Veux-tu épouser ce Nuage ? demande le Père Rat.

– Oh non, père, déclare la petite rate, sa fille, qui tremble sous son pelage lisse et brillant. Il est trop sombre et trop froid. Trouve-moi un autre mari puissant. »

Alors, le Père Rat demande au Nuage : « Dites, Grand Nuage ! Y a-t-il quelqu'un de plus puissant que vous ?

– Je suis capable de cacher le Soleil, c'est vrai, répond le Nuage. Mais je ne peux rien contre le Vent. Quand il commence à souffler, il m'éparpille en mille morceaux. »

Les rats voient qu'il a raison, et ils demandent au Vent de venir. Il arrive en sifflant et en grondant.

« Le Vent te plaît-il comme mari ? » crie la Mère Rat, pour se faire entendre par-dessus le grondement.

« Je ne l'aime pas du tout, déclare la petite rate, sa fille. Il souffle de-ci de-là, et j'ai bien peur qu'il ne me renverse. Trouve-moi un autre mari, s'il te plaît !

Grand Vent, s'écrie la Mère Rat. Y a-t-il quelqu'un de plus puissant que vous ?

– J'ai le pouvoir d'éparpiller les nuages en mille morceaux, rugit le Vent. Mais le Grand Mont est plus puissant que moi. Quoi que je fasse, il me résiste. Je ne peux ni souffler à travers lui, ni le faire bouger. »

Les rats voient qu'il dit la vérité, et ils se mettent en route pour le plus haut des monts.

Au bout de plusieurs jours, leurs petites pattes bien fatiguées, ils arrivent enfin au pied du Grand Mont.

« Et maintenant, ma fille, demande le Père Rat lorsqu'il a enfin repris son souffle, souhaites-tu prendre le Mont pour mari ?

– Oh non, père, répond la petite rate, sa fille. Regarde comme il est dur et pierreux. Je n'épouserai jamais le Grand Mont. Ça non !

– Roi des Monts, demande le Père Rat. Y a-t-il quelqu'un de plus puissant que vous ?

– J'ai le pouvoir de résister au Vent, répond le Grand Mont. Il ne peut ni souffler à travers moi ni me faire bouger. Mais les rats sont plus puissants, car ils peuvent eux passer à travers moi en me perçant de tunnels et de trous sans que je puisse faire quoi que ce soit. »

Les rats voient qu'il dit la vérité. Ils rentrent chez eux et trouvent pour leur fille le plus beau et le plus élégant des rats.

« Ma fille, dit la Mère Rat pleine d'espoir. Ce beau jeune rat te plaît-il donc ? »

En le voyant, les yeux du petit rat, leur fille, se mettent à étinceler et à briller, ce qui la rend encore plus belle.

« Il est comme moi, pense-t-elle. Mère, père, répond-elle, je veux bien. Vous pouvez me donner à lui pour épouse. »

Les deux jeunes rats se marièrent et vécurent heureux jusqu'à la fin de leurs jours. Quant aux parents de la petite rate, qui avaient voulu autrefois qu'elle épouse le Soleil, ils partagèrent son bonheur.

Le roi des oiseaux

Il y a bien longtemps, des oiseaux organisèrent un concours pour savoir qui était le plus grand de tous. « Celui qui volera le plus haut sera couronné roi, dit l'aigle, en gonflant ses plumes dorées. Nous commencerons demain matin à l'aube. »

Le lendemain, les oiseaux des landes et des montagnes, des forêts et des ruisseaux, se rassemblent pour savoir qui volera le plus haut.

Un pic donne le coup d'envoi en tambourinant avec son bec sur le tronc d'un arbre. Avec un bruissement de plumes et d'ailes, des centaines d'oiseaux s'élancent dans les airs.

Le tétras, dont
le corps dodu est trop lourd
pour ses petites ailes, abandonne
en premier. « Tout bas, tout bas, tout bas »,
crie-t-il en plongeant vers le sol.

L'un après l'autre, les oiseaux, fatigués, font demi-tour. Bientôt, il n'en reste que deux. Le puissant aigle et le minuscule roitelet. Le roitelet monte en ligne droite, tandis que l'aigle décrit de grands cercles de plus en plus haut.

« Je n'en peux plus », se dit le roitelet. À ce moment-là, l'aigle le dépasse et le roitelet, épuisé, s'effondre sur le dos du majestueux oiseau. Puis l'aigle aussi finit par se fatiguer. Il examine le ciel d'azur et voit qu'il est tout seul.

« J'ai gagné ! crie-t-il. C'est moi le roi ! C'est moi le roi !

– Oh que non ! déclare le roitelet, qui vole au-dessus de lui. Je suis monté plus haut que toi ! »

L'aigle ne peut rien faire. Il étend ses grandes ailes courbaturées et redescend en planant jusqu'à terre.

Et ce jour-là, lors d'une cérémonie organisée par tous les oiseaux, le minuscule roitelet est couronné roi des oiseaux.

Le sanglier avisé

Le printemps était arrivé au Japon et les cerisiers étaient en fleurs. Leurs branches croulaient sous l'écume de leurs pétales et tout le monde sortait se promener pour admirer les magnifiques fleurs roses et blanches. C'était la saison des rires, des chants et du bonheur pour tout le monde...

Sauf pour le montreur de singe savant. Tout au long du printemps, il était allé de village en village avec son singe pour le montrer aux foules de spectateurs. Mais quoi qu'il dise, le singe restait assis là, incapable de la moindre galipette.

Enfin, l'homme au singe décide de rentrer chez lui, en traînant l'animal derrière lui.

« Je veux que tu fasses venir le boucher, ordonne-t-il à sa femme. Demande-lui de venir demain matin. Ce singe est fini. Il est trop vieux et ne nous sert plus à rien. Le moment est venu de le vendre au boucher pour qu'il nous rapporte au moins un peu d'argent.

– Oh non, supplie sa femme. Ce singe nous a servis toute notre vie. Laisse-le finir ses jours dans le confort et la tranquillité.

– Silence ! ordonne l'homme. J'ai pris ma décision. »

Dans la pièce voisine, le singe entend tout. « Oh mon Dieu ! Oh mon Dieu ! se dit-il, ils vont me faire rôtir et me mitonner. Après les coups, le ragoût ! Que faire ? Je suis trop vieux pour vivre en liberté maintenant. » Il s'assied en soupirant quand une idée lui vient à l'esprit. « J'ai entendu parler d'un sanglier avisé qui vit dans la forêt, pas loin. On dit qu'il est très, très sage. Peut-être pourra-t-il m'aider. »

Sur ces mots, le singe se glisse par la porte coulissante et s'enfuit dans la forêt. Il arrive bientôt dans une clairière, où il trouve le vieux sanglier avisé, qui fouille la terre pour y trouver des racines à manger.

Les larmes aux yeux, le singe raconte sa triste histoire. « Ô grand maître, dit-il, en s'inclinant respectueusement devant le sanglier. On m'a dit que vous étiez un animal avisé. Pourriez-vous me tirer d'affaire ? »

Flatté par ce discours, le sanglier décide de l'aider. « Ton maître a un enfant, n'est-ce pas ? » demande-t-il.

Le singe hoche la tête.

« J'ai vu le petit sur le porche, poursuit le sanglier. Demain matin, quand la femme de ton maître posera le bébé par terre, je me précipiterai dans la maison et je l'emporterai dans ma gueule.

– Non ! s'écrie le singe.

– Oh que si ! répond le sanglier. Et tu me courras après et tu sauveras le bébé. Puis, quand le boucher arrivera, ni ton maître ni sa femme ne voudront se séparer de toi. Tu verras. »

Le singe finit par accepter, mais cette nuit-là, il est si inquiet de son sort qu'il parvient à peine à fermer l'œil. Quand le premier coq se met à chanter, à l'aube, le singe se lève d'un bond, juste à temps pour voir la femme de son maître déposer l'enfant sur le porche. L'instant d'après, on entend un bruit et le sanglier apparaît, ses défenses blanches brillant dans le soleil du matin. Il ramasse l'enfant dans sa gueule et le voilà parti...

« Reviens ! » hurle la femme. Elle court réveiller son mari, mais quand il arrive à moitié endormi à la porte, le sanglier n'est plus qu'une tache brune à l'horizon, dans la direction des collines.

Il est suivi par le singe, qui se balance de branche en branche, puis se laisse tomber au sol et avance à quatre pattes par grands bonds, comme si sa vie en dépendait. Peu après, le singe revient avec l'enfant dans les bras.

En berçant son enfant, la femme du montreur de singe lui dit : « N'avais-je pas raison, mon ami ? Il ne faut pas faire tuer notre singe. Sans lui, nous aurions perdu notre enfant à jamais.

– Oui, mon amie, pour une fois tu ne t'es pas trompée, répond le mari. Quand le boucher arrivera, tu le renverras. »

Et jusqu'à la fin de ses jours, ils soignèrent le singe et le gâtèrent, pour son plus grand bonheur.

Le corbeau vantard

Un corbeau au plumage noir comme la suie se tenait seul sur une plage sablonneuse, ses yeux perçants en quête de nourriture.

Il entend soudain des COUACS-COUACS et un bruissement d'ailes et, l'instant d'après, voit apparaître une volée d'oies qui descendent en battant bruyamment des ailes, cachant le soleil. Le corbeau les observe d'un air hautain, le bec en l'air.

« Mon Dieu, que vous êtes maladroites ! leur dit-il, alors qu'elles atterrissent à grand bruit à côté de lui. Vous m'avez bien fait rire. Tout ce que vous savez faire, c'est battre des ailes... Savez-vous planer ? Faire des culbutes dans l'air ? Peuh ! Je ne crois pas ! »

La plus grande des oies s'approche du corbeau en se dandinant. Quand ils sont bec à bec, elle le met au défi.

« Faisons la course alors, lance-t-elle.

– D'accord, croasse le corbeau. Je vais te montrer ce que c'est que de voler. »

Le corbeau s'envole aussitôt pendant que les oies le regardent. Il monte droit dans le ciel, de plus en plus haut. « Elles vont voir ce qu'elles vont voir ! » se dit-il. Il décrit des cercles, puis monte et descend en flèche.

Ensuite, il fait un looping, une culbute, et redescend en vrille. « Croa ! » s'écrie-t-il d'un ton triomphant en atterrissant avec un coup d'aile théâtral. « Essaye de faire mieux !

– Compte sur moi ! » répond l'oie. Elle se lance dans les airs et se met à survoler la mer. Le corbeau la suit. « C'est bien ce que je pensais, lui lance le corbeau. Tout ce que tu sais faire, c'est battre des ailes. »

Ils vont de plus en plus loin, et bientôt la mer s'étend de tous côtés et la terre ferme est loin derrière. Au bout d'un certain temps, le corbeau cesse de se moquer de l'oie. Il peine à la suivre. Ses ailes lui font mal, et il aurait bien besoin de se reposer ; il regarde avec terreur les eaux qui tourbillonnent en dessous.

En le voyant, l'oie dissimule un sourire. « Pourquoi est-ce que tu touches sans cesse l'eau ? demande-t-elle. Est-ce une autre de tes acrobaties ?

– Non ! s'écrie le corbeau, toute fierté disparue. Je n'en peux plus... Et il faut que tu m'aides, sinon je vais me noyer !

– Promets-tu de ne plus jamais te vanter ?

– Je le promets », s'écrie hors d'haleine le corbeau, qui s'effondre épuisé sur le dos de l'oie.

L'oie vole en battant l'air de ses ailes puissantes, et tous deux rejoignent la rive. « Ah ! soupire le corbeau. Flap-flap-flap ! Quelle manière idéale de voler. »

Le petit ours

Il était une fois, dans le Grand Nord, là où le sol est couvert d'une épaisse couche de neige, une vieille femme qui vivait sur les bords d'une mer gelée. Elle était pauvre et n'avait pas grand-chose à manger, mais possédait des vêtements bien chauds en peau de phoque, et les chasseurs du village lui donnaient toujours un peu de leur gibier.

Par une journée d'hiver, à la tombée du jour, l'un d'entre eux arrive à la cabane de la vieille femme.

« Nous avons tué un des nanuqs – un grand ours blanc », dit-il, en lui tendant un morceau de viande. Dans l'autre bras, le chasseur tient un ourson. « Le voulez-vous aussi ? demande le chasseur. Il mourra si nous le laissons tout seul, maintenant que sa mère est morte.

– Qu'est-ce que je ferais d'un ourson ? demande la vieille femme.

– Il vous tiendrait compagnie en hiver », répond le chasseur.

À ce moment, l'ourson ouvre ses yeux de jais, et la vieille femme tend les bras et l'emmène chez elle.

Elle l'installe près du feu pour le réchauffer, car il est transi. Quand il remue, elle lui donne à boire de la graisse de baleine fondue et à manger un peu de viande de phoque. Cette nuit-là, elle s'endort avec l'ourson tout blanc roulé en boule.

La vieille femme parle à l'ourson tous les jours jusqu'à ce qu'il comprenne le langage des hommes. Chaque fois qu'il a faim, il la renifle, et quand les enfants du village viennent jouer, elle dit : « N'oublie pas, petit nanuq, rentre tes griffes. » Et il lui obéit.

Mais au bout d'un certain temps, l'ours devient trop puissant pour eux. Il lui suffit d'un coup de ses pattes blanches pour casser leurs jouets. Les hommes se mettent alors à jouer avec l'ourson à leur place. Ils luttent avec lui, lui grimpent sur le dos, et l'ours devient de plus en plus fort.

L'hiver suivant, les hommes regardent l'ours et disent : « Nous l'appelons le petit nanuq, mais il est aussi grand qu'un iceberg. Emmenons-le à la chasse. Il nous aidera peut-être à attraper des phoques. »

En entendant ces mots, la vieille femme tisse à l'ours un collier épais. « Ainsi, tout le monde saura que tu es à moi, dit-elle. Et tout le monde saura qu'il ne faut pas te faire de mal. »

Le lendemain, à l'aube,
les chasseurs arrivent chez elle.
« Petit nanuq, s'écrient-ils, viens à
la chasse avec nous partager le
butin. Viens, petit nanuq. »
À la tombée du jour, les
chasseurs reviennent. « Ton ours
est aussi fort que le plus fort des
chasseurs. C'est le plus grand de
tous les ours que nous avons vus.
En chassant avec lui, nous avons pris
beaucoup de phoques. »
Et la vieille femme sourit de fierté.

Après cela, l'ours alla chasser sur la glace tous les hivers. Il attrapait les phoques qui sortent de l'eau pour respirer. En été, il s'approchait sans bruit des phoques pendant qu'ils dormaient.

Et quand il rentrait, il partageait sa prise avec la vieille femme. Ils s'asseyaient ensemble sur le pas de la porte, et la vieille femme lui montrait les étoiles qui scintillaient dans le ciel.

« Voici la Grande Ourse, lui disait-elle. Comme toi, elle est tombée aux mains de chasseurs. Et quand elle est morte, elle est devenue toute brillante et s'est transformée en étoiles dans le ciel. »

Les habitants des autres villages apprirent à connaître l'ours. Il arrivait qu'ils soient sur le point de l'attraper mais ils le relâchaient toujours quand ils voyaient son collier.

« Il ne faut pas tuer cet ours, se disaient-ils entre eux. La vieille femme a besoin de lui. C'est sa mère adoptive et il est son fils. »

Mais, un jour, une nouvelle bande de chasseurs, qui venait de l'autre côté des montagnes, est arrivée. Ils avaient entendu parler de l'ours qu'il ne faut pas tuer et leur chef avait déclaré : « De tous les animaux que nous chassons, le nanuq est le plus prisé. Et celui-ci est le plus grand de tous. Si je le vois, je le tuerai. »

Quand la vieille femme l'apprend, elle se met à pleurer, car elle sait ce qu'elle a à faire. « Il faut que tu t'en ailles, petit nanuq, dit-elle. Sinon, les hommes te tueront. »

Et l'ours pose son museau par terre et se met à pleurer lui aussi, car il est triste de la quitter.

La vieille femme garde l'ours chez elle tout l'hiver, pendant que les tempêtes de neige font rage. « Il ne faut pas que tu sortes pour le moment, petit nanuq, car c'est la saison de la chasse à l'ours, et tu es une prise de premier choix. »

Elle attend que la glace ait enfin fondu au soleil et que le ciel soit clair, puis elle lui dit : « Le moment est venu pour toi de partir. Prends la direction du nord, à travers la mer de glace. Là, tu trouveras les tiens et pourras vivre en paix. »

L'ours se prépare à partir, mais la vieille femme lui crie d'arrêter. « Il faut que j'aie le moyen de savoir s'il va s'en tirer. Il faut que je sache s'il va survivre », se dit-elle.

Elle plonge alors la main dans de l'huile puis l'enduit de suie. Puis elle passe la main sur les flancs de l'ours et y trace une large bande noire. L'ours lui jette un dernier coup d'œil et prend le chemin de la mer de glace.

L'été succéda au printemps. La neige fondit et le sol se couvrit de fleurs aux couleurs vives. Des oies volaient dans le ciel, les baies mûrissaient et les jeunes oiseaux s'envolaient pour la première fois. Et chaque fois que des chasseurs passaient par le village, la vieille femme demandait : « Avez-vous vu un grand ours blanc, avec une grosse traînée noire sur le flanc ? » Quand ils faisaient non de la tête, la vieille femme soupirait.

Puis, un jour enfin, quand les eaux se remirent à geler, les chasseurs revinrent du Grand Nord et parlèrent d'un grand ours blanc, aussi grand qu'un iceberg, avec une grande traînée noire sur le flanc. « Il est vivant », se dit la vieille femme. Et maintenant, durant les longues soirées d'hiver, elle regarde les étoiles et la Grande Ourse dans le ciel. Elle pense à l'ours qui vit si loin, et elle sourit.

La bataille des crabes

Un jour, sur une île de la mer de Sulu, les crabes violonistes tiennent une réunion. L'un d'entre eux agite sa grande pince dans l'air et déclare : « Qu'allons-nous faire contre les vagues ? On les entend nuit et jour et il est impossible de dormir.

– Il n'y a qu'une solution ! déclare le plus vieux des crabes. Il faut nous battre contre elles. »

Alors, les crabes disent adieu à leurs femmes et, sortant des terriers boueux où ils vivent, vont s'aligner sur le rivage en une longue rangée.

« Qu'est-ce que vous faites ? demandent les tortues marines qui les observent sur les bancs de sable. C'est marée haute ! Rentrez dans vos terriers, ou les vagues vous emporteront !

– Balivernes, rétorquent les crabes. C'est la guerre, et nous allons gagner. » Sur ces mots, ils lèvent leurs pinces d'un air menaçant et, lorsque les vagues s'avancent sur eux, ils chargent. Mais ils ont beau faire claquer leurs pinces, ils ne peuvent rien contre la houle. À elle seule, l'écume éparpille les crabes sur le sable, puis les vagues les aspirent et les emportent très, très loin, en pleine mer.

Quand le soleil descend dans le ciel et se reflète de tous ses feux sur l'eau, les femmes des crabes commencent à s'inquiéter. « Qu'est-il arrivé à nos maris ? se demandent-elles en sortant de leurs terriers. Pourquoi ne sont-ils pas revenus de leur bataille ? » Elles se précipitent sur le rivage à leur recherche. Mais à peine sont-elles arrivées que les vagues reviennent s'écraser sur le rivage et les emportent rejoindre leurs maris.

Les tortues marines hochent la tête tristement : « Qu'ils étaient bêtes d'aller se battre avec les vagues ! »

Pendant longtemps, on ne vit plus de crabes sur les bords de la mer de Sulu et les terriers boueux restèrent vides. Mais un jour, à marée haute, des milliers de petits crabes sortirent en courant de la mer. Ils montèrent jusqu'en haut de la plage aussi vite que le leur permettaient leurs huit pattes.

Les tortues marines les regardèrent avec étonnement. On aurait dit que ces petits crabes savaient ce qui était arrivé à leurs prédécesseurs. Tous les jours, ils se précipitaient au bord de l'eau, prêts à se battre contre les vagues. Puis ils perdaient courage et remontaient précipitamment jusqu'en haut de la plage.

On les voit encore aujourd'hui, courant de-ci de-là, pris entre le sable moelleux et la houle chantante.